Die schönsten Folksongs

für Altblockflöte (zusätzlich mit 2. Stimme)

The most beautiful folk songs

for treble recorder (with additional 2nd part)

Les plus belles chansons populaires

pour flûte à bec alto (avec 2e partie supplémentaire)

herausgegeben von / edited by / éditées par
Hans und Marianne Magolt

Illustrationen / Illustrations:
Christa Estenfeld-Kropp

ED 9531
ISMN M-001-13346-3

ED 9531-50 (plus CD)
ISMN M-001-13347-0

ED 9531-01
English version (plus CD)
ISMN M-001-13404-0

Mainz · London · Madrid · New York · Paris · Tokyo · Toronto
© 2002 Schott Musik International GmbH & Co. KG, Mainz · Printed in Germany

Inhalt / Contents / Contenu

Alas my love (Greensleeves)

England

Arrangements: Rainer Butz

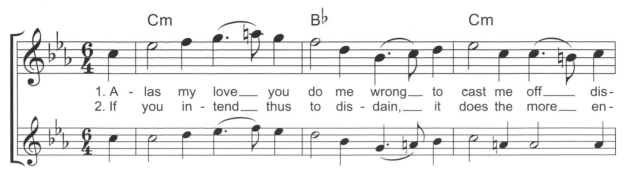

1. A - las my love___ you do me wrong___ to cast me off___ dis-
2. If you in - tend thus to dis - dain,___ it does the more en-

cour - teous - ly, and I have lov - ed you so long,___ de -
rap - ture me, and e - ven so,___ I still re - main a

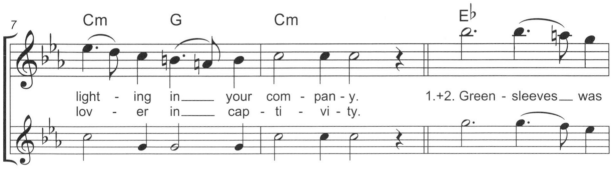

light - ing in___ your com - pan - y.   1.+2. Green - sleeves___ was
lov - er in___ cap - ti - vi - ty.

all my joy,_____ Green - sleeves___ was my de - light, Green-sleeves was my

heart of gold,___ and who but my la - dy Green - sleeves?

Morning has broken

Irland

I've been a wild rover

Irland

I've been a wild ro-ver for ma-ny a year,_____ and I
now I'm re - tur-ning with gold in great store_____ and I

spent all my mo-ney on whis-key and beer._____ But
ne - ver will play the wild ro-ver no more, and it's

no, nay, ne-ver,_____ no, nay, ne-ver, no more_____ will I

play_____ the wild ro - ver,_____ no ne-ver,_____ no more!_____

Auld lang syne

Schottland
Text: Robert Burns (1759-1796)

1. Should auld ac-quain-tance be for-got, and__ ne-ver brought to
2. And there's a hand, my tru-sty friend, and__ gie's a hand o'

mind? Should auld ac-quain-tance be for-got, and__
thine; we'll take a cup of kind-ness yet, for__

days of auld lang syne? 1.+2. For auld__ lang__ syne, my dear, for
sake of auld lang syne.

auld__ lang__ syne; we'll take a cup of

kind-ness yet for__ auld__ lang__ syne.

Amazing grace

Schottland

1. A -

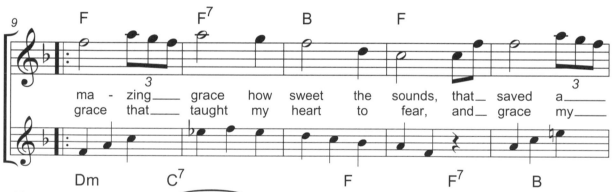

ma - zing___ grace how sweet the sounds, that__ saved a____
grace that__ taught my heart to fear, and__ grace my____

wretch like me._____ I___ once was___ lost but now I
fears re - lieved;_____ how__ pre - cious___ did that grace ap -

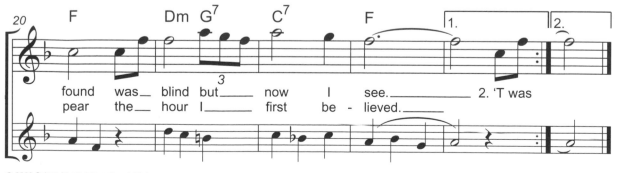

found was__ blind but___ now I see._____ 2. 'T was
pear the__ hour I__ first be - lieved._____

Kalinka

Russland

2.x D.C. al Fine

Kasatschok

Russland

Bella bimba

Italien

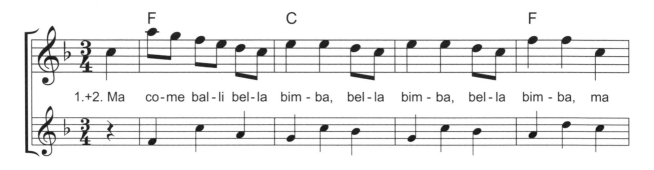

1.+2. Ma co-me bal-li bel-la bim-ba, bel-la bim-ba, bel-la bim-ba, ma

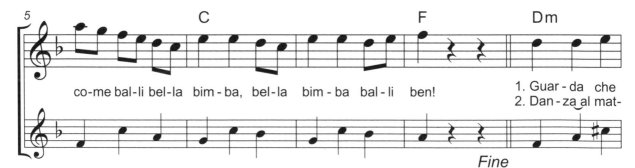

co-me bal-li bel-la bim-ba, bel-la bim-ba bal-li ben!

1. Guar-da che
2. Dan-za al mat-

Fine

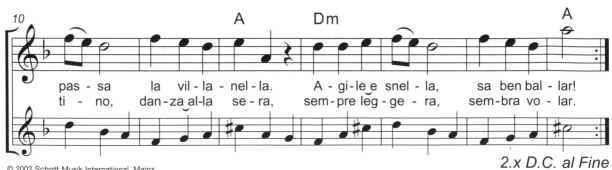

pas-sa la vil-la-nel-la. A-gi-le e snel-la, sa ben bal-lar!
ti-no, dan-za al-la se-ra, sem-pre leg-ge-ra, sem-bra vo-lar.

2.x D.C. al Fine

Tiritomba

Italien

1. Se-ra an-da-i se-ra an-dai per la ma-ri-na, a tro-var co-là u-na
2. Pas-seg-gian-do, pas-seg-gian-do in quel din-tor-ni, un fis-chiet-to sen-to

bel - la, bian-ca e ros-sa, bian-ca e ros-sa e ric-ciu-tel - la, tut - ta
far - mi, vo pian pia-no, vo pian pia-no ad ac-cos-tar - mi, e u-na

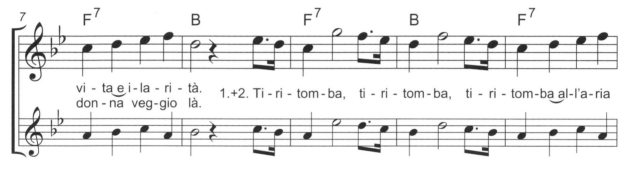

vi - ta e i - la - ri - tà. 1.+2. Ti - ri - tom - ba, ti - ri - tom-ba, ti - ri - tom-ba al-l'a-ria
don - na veg-gio là.

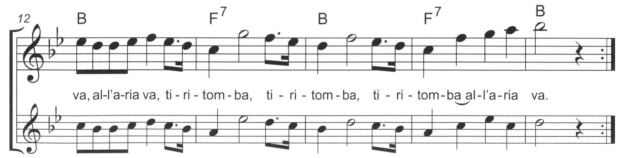

va, al-l'a-ria va, ti - ri - tom - ba, ti - ri - tom-ba, ti - ri - tom-ba al-l'a-ria va.

Il était un petit navire

Frankreich

Plaisir d'amour

Frankreich
Musik: Jean Paul Martini (1741-1816)
Text: Jean Pierre C. de Florian (1755-1794)

Allegretto grazioso

Plai - sir d'a - mour___ ne du - re qu'un mo - ment:___ cha - grin d'a -

mour du - re tou - te la vi - e.___ J'ai tout quit - té pour l'in-gra-te Syl-

Fine

vi - e;___ el - le me quit-te et prend un au-tre a - mant.___

D.C. al Fine

Cielito lindo

Spanien

1. De la Sie - rra Mo - re - na, Cie - li - to Lin-do, vie - nen ba-jan-do
2. El a - mor es un bi - cho, Cie - li - to Lin-do, que cuan-do pi - ca

un par de o - ji - tos ne-gros, Cie - li - to Lin-do, de con-tra - ban-do.
no se en-cuen - tra re - me-dios, Cie - li - to Lin-do, en la bo - ti - ca.

1.+2. Ay ay ay ay, can - ta y no llo-res. Por -

que can - tan-do se a-le-gran, Cie - li - to Lin-do los co - ra - zo - nes.

La cucaracha

Mexiko

1. Ya se van los Car-ran - ci - stas,___ ya se van pa-ra Pe-
2. Con los bar-bas de Car-ran - za___ voy a ha-cer u-na to-

ro - te,___ y no pue-den ca-mi - nar___ por cau-sa de sus bi-
quil - la,___ pa po-ner-se-la al som-bre - ro___ del se-ñor Fran-cis-co

go - tes.___ Vil - la. 1.+2. La cu-ca - ra - cha,___ la cu-ca-ra - cha,___

ya no pue-de ca-mi - nar, por-que no tie - ne,___ por-que le

fal - ta___ ta - bac-co que fu-mar. La cu-ca - mar.

La paloma (Die Taube)

Spanien
Musik: Sebastian Yradier (1809-1865)
dt. Text: Ludwig Andersen

Mich rief es an Bord, es weh-te ein fri-scher
drau - - - ßen am grü-nen Ha-ge da sah ich

Wind._____ Zur Mut - - ter sprach ich: „O
sie:_____ Ein Wort nur des Tro - stes

be - te für mich, dein Kind."_____ Und
sa - ge, ich trag es nie._____

Fal - le ich einst zum Rau-be em-pör-tem Meer,_____
Las-se sie oh - ne Feh-le zum Fen-ster ein,_____

fliegt ei - ne wei - ße Tau-be zu dir hier - her._____
mit ihr wird mei-ne See-le dann bei dir

Andenmelodie

Bolivien

1. Vo - lan - do_el ho - ri - zon - te_el con - dor va, sin te -
(2. El) hom - bre_es co - mo_el con - dor al vo - lar. De_un lu -

mor sa - lu - dan - do al sol con su va - lor,_____ hm -
gar a_o - tro lu - gar ha de vo - lar,_____ hm -

hm._____ El hom - bre_a - pe - nas a - pren - de_a an - dar quie - re
hm._____ La san - gre_en - tra_en sus gar - ras de do - lor, de mal -

ya pe - dir un ar - ma_____ pa - ra ju - gar,_____ hm -
dad co - mo_i - mi - ta - ción_____ del hom - bre_y su pu - ñal,_____ hm -

hm._____ 1.+2. Gri - te - mos to - dos_a_u - na voz no más
hm._____

ham - bre ni do - lor! Que el hom - bre só - lo quie - re a-

mor, vi - vien - do en paz_____ y u - ni - dad,_____ ay sin te-

mor._____ 2. El

O happy day

Gospel

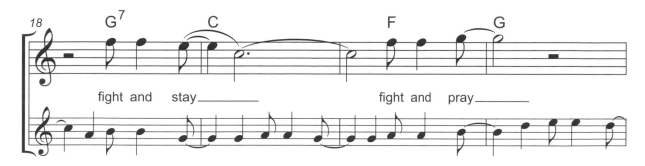

fight and stay_____ fight and pray_____

and live en - joy - - - - ing ev'-ry day,_____

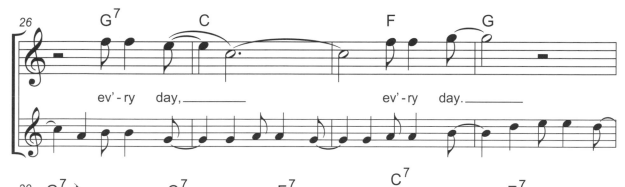

ev'-ry day,_____ ev'-ry day._____

Oh hap-py day,_____ oh hap-py day,_____ oh hap-py day,_

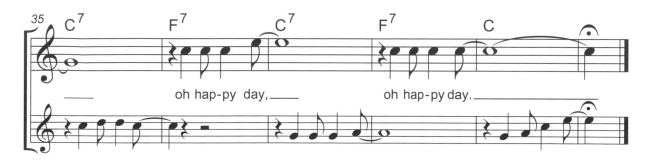

_____ oh hap-py day,_____ oh hap-py day._____

Swing low

Spiritual

22

Yankee Doodle

1. Oh Yan-kee Doo-dle went to town a - rid - ing on a po - ny, he
2. Oh Yan-kee Doo-dle is a tune that comes in might-y han - dy, the

stuck a fea - ther in his cap and called it ma - ca - ro - ni.
e - ne - my all runs a - way at Yan - kee Doo - dle dan - dy.

1.+2. Yan-kee Doo-dle, keep it up! Yan - kee Doo - dle dan - dy,

mind the mu - sic and the step and with the girls be han - dy.

Tom Dooley

1.+2. Hang down your head, Tom Doo - ley, hang down your head and cry,
hang down your head, Tom Doo - ley, poor boy, you're bound to die.

Fine

1. Met her on the moun - tain, I swore she'd be my wife,
2. This time come to - mor - row reck - on___ where I'll be,

but the gal re - fused me, so I stabbed her with my knife.
in some lone - some val - ley hang - ing from a white oak tree.

2.x D.C. al Fine

© 2002 Schott Musik International, Mainz

Schott Musik International, Mainz 50 879